AF340938

EDIT DU ROY,

PORTANT

Erection d'un Juge & quatre Consuls des Marchands en la Ville de Paris, lesquels connoistront de tous Procés & differens qui seront meus entre lesdits Marchands pour fait de Marchandise.

Du mois de Novembre 1563.

Et Declaration renduë en consequence le vingt-huit Avril 1565.

A PARIS;

Chez la Veuve SAUGRAIN, à l'entrée du Quay de Gesvres, du costé du Pont au Change, au Paradis.

MDCCXIII,

23

EDIT DU ROY,

SUR l'Erection d'un Juge & quatre Consuls des Marchands en la Ville de Paris, lesquels connoîtront de tous Procés & differens qui seront cy-aprés meus entre lesdits Marchands pour fait de Marchandise.

Donné à Paris au mois de Novembre 1563.

CHARLES par la grace de Dieu Roy de France, à tous presens & à venir; Salut, sçavoir faisons, Que sur la Requeste & remontrance à nous faite en nostre Conseil, de la part des Marchands de nostre bonne Ville de Paris, & pour le bien public & abbreviation de tous Procés & differens entre Marchands qui doivent negocier ensemble de bonne foy, sans estre astraints aux subtilitez des Loix & Ordonnances : Avons par l'avis de nostre tres-honorée Dame & Mere, des Princes de nostre Sang, Seigneurs & Gens de nostredit Conseil, statué, ordonné & permis ce qui s'ensuit.

Premierement, avons permis & enjoint aux Prevost des Marchands & Echevins de nostredite Ville de Paris, nommer & élire en l'Assemblée de cent notables Bourgeois de ladite Ville, qui seront pour cet effet appellez & convoquez trois jours aprés la publication des Presentes, cinq Marchands du nombre desdits cent, ou autres absens, pourveu qu'ils soient natifs & originaires de nostre Royaume, Marchands & demeurans en nostredite Ville de Paris : Le premier desquels nous avons nommé Juge des Marchands, & les quatre autres Consuls desdits Marchands, qui feront le serment devant ledit Prevost des Marchands. La

A

Charge defquels cinq ne durera qu'un an, fans que pour quelque caufe ou occafion que ce foit, l'un d'eux puiffe eftre continué.

Ordonnons & permettons aufdits cinq Juges & Confuls, affembler & appeller trois jours avant la fin de leur année jufques au nombre de foixante Marchands Bourgeois de ladite Ville, qui en éliront trente d'entr'eux, lefquels fans partir du lieu, & fans difcontinuer, procederont avec lefdits Juge & Confuls en l'inftant, & le jour même, à peine de nullité, à l'Election des cinq nouveau Juge & Confuls des Marchands, qui feront le ferment devant les anciens : & fera la forme deffufdite gardée & obfervée d'orefnavant en l'Election defdits Juge & Confuls : nonobftant oppofitions ou appellations quelconques, dont nous refervons à noftre perfonne & noftre Confeil la connoiffance, icelle interdifans à nos Cours de Parlement & Prevoft de Paris.

Connoiftront lefdits Juge & Confuls des Marchands de tous Procés & differens qui feront cy-aprés meus entre Marchands pour fait de Marchandife feulement, leurs veuves Marchandes publiques, leurs Facteurs, ferviteurs & commettans tous Marchands, foit que lefdits differens procedent d'Obligations, Cedules, Recepiffez, Lettres de Change ou credit, Réponfes, Affurances, Tranfports de dettes & novation d'icelles, Compte, Calcul, ou erreur en iceux, Compagnies, Societez ou Affociations ja faites, ou qui fe feront cy-aprés. Defquelles matieres & differens, nous avons de nos pleine puiffance & authorité Royal attribué & commis la connoiffance, Jugement & décifion aufdits Juges & Confuls, & aux trois d'eux, privativement à tous nos Juges, appellé avec eux, fi la matiere y eft fujette (& en font requis par les parties) tel nombre de perfonnes de Confeil qu'ils aviferont : exceptez toutesfois & refervez les Procés de la qualité fufdite, ja intentez, & pendans pardevant nos Juges : Aufquels neanmoins enjoignons les renvoyer pardevant lefdits Juges & Confuls des Marchands, fi les parties le requierent & confentent.

Et avons dés à prefent declaré nuls tous Tranfports de Cedules, Obligations & Dettes qui feront faites par lefdits Marchands à perfonnes privilegiées, ou autre quelconque non fujet à la Jurifdiction defdits Juges & Confuls.

Et pour couper chemin à toute longueur, & ofter l'occafion de fuir & plaider, voulons & ordonnons que tous adjournemens foient libellez & qu'ils contiennent demande certaine. Et feront tenus les Parties comparoir en perfonne à la premiere Affignation pour eftre oüis par leur bouche, s'ils n'ont legitime excufe de maladie ou abfence, efquels cas envoyeront par écrit leur réponfe fignée de leur main propre : ou audit cas de maladie, envoyeront la réponfe fignée de l'un de leurs parens, voifins ou amis, ayans de ce charge & procuration fpeciale, dont il fera apparoir à ladite Affignation ; le tout fans aucun miniftere d'Avocat ou Procureur.

Si les Parties font contraires, & non d'accord de leurs faits, delay competant leur fera préfix à la premiere comparition, dans lequel ils produiront leurs témoins, qui feront oüis fommairement : & fur leur dépofition, le differend fera jugé fur le champ, fi faire fe peut, dont nous chargeons l'honneur & confcience defdits Juge & Confuls.

Ne pourront lefdits Juge & Confuls, en quelque caufe que ce foit, octroyer qu'un feul delay, qui fera par eux arbitré felon la diftance des lieux & qualité de la matiere ; foit pour produire pieces ou témoins : & iceluy échu & paffé, procederont au Jugement du differend entre les Parties fommairement & fans figure de Procés.

A ij

4

Enjoignons aufdits Juge & Confuls vaquer diligemment en leur Charge durant le temps d'icelle, fans prendre directement ou indirectement en quelque maniere que ce foit, aucune chofe, ny prefens ou don, fous couleur ou nom d'épices, ou autrement, à peine de crime de concuffion.

Voulons & nous plaift, que des Mandemens, Sentences ou Jugemens qui feront donnez par lefdits Juge & Confuls des Marchands, ou les trois d'eux, comme deffus, fur differends meus entre Marchands, & pour fait de Marchandife, l'appel ne foit receu, pourveu que la demande & condamnation n'excede la fomme de cinq cens livres tournois, pour une fois payer. Et avons dés à prefent declaré non-recevables les Appellations qui feroient interjettées defdits Jugemens, lefquels feront executez en nos Royaumes, Pays & Terres de noftre obeïffance par nos Juges des lieux, Huiffiers ou Sergens fur ce requis : Aufquels & chacun d'eux enjoignons de ce faire, à peine de privation de leurs Offices, fans qu'il foit befoin demander aucun Placet, *Vifa* ne *Pareatis.* Avons auffi dés à prefent declaré nuls tous Relifs d'appel, ou Commiffions qui feroient obtenuës au contraire pour faire appeller les Parties, intimer ou adjourner lefdits Juge & Confuls : Et deffendons tres-expreffement à toutes nos Cours Souveraines & Chancelleries de les bailler. Et és cas qui excederont ladite fomme de cinq cens livres tournois, fera paffé outre à l'entiere execution des Sentences defdits Juge & Confuls, nonobftant oppofitions ou appellations quelconques, & fans préjudice d'icelles, que nous entendons eftre relevées & reffortir en noftre Cour de Parlement à Paris, & non ailleurs.

Les condamnez à garnir par provifion ou diffinitivement, feront contraints par corps à payer les fommes liquidées par lefdires Sentences & Jugemens, qui n'excederont cinq cens livres tournois, fans qu'ils foient receus en nos Chancelleries à demander Lettres de Repit. Et neanmoins pourra le Crediteur faire executer son Debiteur condamné , en ses biens meubles , & saisir les immeubles.

Contre lesdits condamnez Marchands ne seront adjugez dommages & interests requis pour le retardement du payement , qu'à raison du denier douze , à compter du jour du premier adjournement , suivant nos Ordonnances faites à Orleans.

Les Saisies , Etablissement de Commissaires , & Vente de biens ou fruits , seront faits en vertu desdites Sentences & Jugemens. Et s'il faut passer outre , les Criées & interpositions de Decret se feront par authorité de nos Juges ordinaires des lieux ; ausquels tres-expressément enjoignons , & à chacun d'eux en son détroit , tenir la main à la perfection desdites Criées , adjudication des heritages saisis , & à l'entiere execution des Sentences & Jugemens qui seront donnez par lesdits Juge & Consuls des Marchands , sans y user d'aucune remise ou longueur , à peine de tous dépens , dommages & interests des Parties.

Les Executions encommencées contre les condamnez par lesdits Juge & Consuls , seront parachevées contre leurs heritiers , & sur les biens seulement.

Mandons & commandons aux Geolliers & Gardes de nos Prisons ordinaires , & de tous hauts Justiciers , recevoir les prisonniers qui leur seront baillez en garde par nos Huissiers ou Sergens , en executans les Commissions ou Jugemens desdits Juge & Consuls des Marchands , dont ils seront responsables par corps , & tout ainsi que si le prisonnier avoit esté amené par authorité de l'un de nos Juges.

Pour faciliter la commodité de convenir & negocier ensemble , avons permis & permettons aux Marchands Bourgeois de nostre Ville de Paris , natifs & originaires de nos Royaumes , Pays & Terres de nostre obeïssance, d'imposer & lever sur eux telle somme de deniers qu'ils aviseront necessaire, pour l'achat ou loüage d'une Maison ou lieu qui sera appellé, la Place commune des Marchands, laquelle nous avons dés à present établie à l'instar; & tout ainsi que les Places appellées le Change en nostre Ville de Lyon, & Bourse de nos Villes de Thoulouse & Roüen, avec tels & semblables privileges, franchises & libertez dont joüissent les Marchands frequentans les Foires de Lyon & Places de Thoulouse & Roüen.

Et pour arbitrer & accorder ladite somme, laquelle sera employée à l'effet que dessus, & non ailleurs, les Prevost des Marchands & Echevins de nostredite Ville de Paris, assembleront en l'Hostel de ladite Ville jusques au nombre de cinquante Marchands & notables Bourgeois, qui en deputeront dix d'entr'eux, avec pouvoir de faire les cottisations & departement de la somme qui aura esté comme dit est, accordée en l'Assemblée desdits cinquante Marchands.

Voulons & ordonnons que ceux qui seront refusans de payer leur taxe ou cote-part, dans trois jours aprés la signification ou demande d'icelle, y soient contraints par vente de leurs Marchandises, & autres biens & meubles; & ce par le premier nostre Huissier ou Sergent sur ce requis.

Défendons à tous nos Huissiers ou Sergens faire aucun Exploit de Justice, ou adjournement en matiere civile, aux heures du jour que les Marchands seront assemblez en ladite Place commune, qui seront de neuf à onze heures du matin, & de quatre jusques à six heures de relevée.

Permettons ausdits Juge Consuls de choisir & nommer pour leur Scribe & Greffier telle personne d'experience, Marchand ou autre qu'ils aviseront, lequel fera toutes Expeditions en bon papier, sans user de parchemin: & luy défendons tres-étroitement prendre pour ſes ſalaires & vacations , autre choſe qu'un ſol tournois pour feüillet , à peine de punition corporelle, & d'en répondre par leſdits Juge & Conſuls en leurs propres noms, en cas de diſſimulation & connivence.

Si donnons en mandement à nos amez & feaux les Gens tenans nos Cours de Parlement , Prevoſt de Paris, Senéchal de Lyon , Baillifs de Roüen , & à tous nos autres Officiers qu'il appartiendra, que nos preſentes Ordonnances ils faſſent lire, publier & enregiſtrer , garder & obſerver chacun en ſon Reſſort & Juriſdiction , ſans y contrevenir, ny permettre qu'il y ſoit aucunement contrevenu en quelque maniere que ce ſoit. Et afin de perpetuelle & ſtable memoire, Nous avons fait appoſer noſtre Scel à ces Preſentes. Donné à Paris au mois de Novembre, l'an de grace mil cinq cens ſoixante-trois. Et de noſtre Regne le troiſiéme.

Ainſi ſigné , Par le Roy en ſon Conſeil,
DE L'AUBESPINE.
Et ſcellé du grand Scel de cire verd.

Lecta, publicata, & regiſtrata, audito & hoc requirente Procuratore generali , de mandato expreſſo ejuſdem Domini noſtri Regis: Cur tamen placuit , ut hi qui in Judices mercatorum aſſumentur , jusjurandum praſtent quod praſtari ſolet ab his, à quorum ſententiis ad Curiam appellatur : Idque per modum proviſionis duntaxat , & ſecundum ea quæ in regiſtro Curiæ praſcripta ſunt. Pariſiis in Parlamento , decima octava , die Januarii , anno Domini milleſimo quingenteſimo ſexageſimo tertio.

Sic ſignatum; Du TILLET.

DECLARATION
DU ROY,

EN Interpretation de l'Edit de Creation d'un Juge & quatre Consuls en sa Ville de Paris.

Donné à Bourdeaux le 28e jour d'Avril 1565.

CHARLES par la grace de Dieu Roy de France : A nos amez & feaux, les Gens tenans nos Cours de Parlement, Baillifs, Senéchaux, & tous autres nos Juges qu'il appartiendra, & à chacun d'eux ; Salut. Nos chers & bien-aimez les Marchands & Gardes de la Draperie, Epicerie, Mercerie, Orfévrerie, Pelleterie, & la Communauté des Marchands de Vin & Poisson de Mer demeurans en nostre bonne Ville & Cité de Paris, Nous ont par leur delegué tres-humblement fait remontrer,

Que depuis, que pour bonnes causes & justes considerations, nous avons en nostredite Ville établi la Jurisdiction d'un Juge & quatre Consuls des Marchands, les Juges ordinaires & Conservateurs des Privileges d'icelle, & autres nos Juges, ont par divers moyens empesché, & chacun jour empeschent le cours de ladite Jurisdiction, sous couleur que le pouvoir que nous avons attribué ausdits Juge & Consuls n'est si amplement & particulierement declaré par ledit Edit, qu'il est requis ; & le contenu en iceluy est par eux respectivement interpreté & restraint à leur avantage : ce qui a causé plusieurs difficultez & controverses, dont sont procedez diverses Sentences, Deffenses, Jugemens & Arrests contraires à nostredit Edit, qui rend ladite Jurisdiction illusoire, s'il n'y estoit par nous pourveu ; nous supplians declarer nos vouloir & intention, afin que lesdits Juges & Consuls des Marchands sçachent la forme de soy comporter en l'exercice de ladite Jurisdiction & execution entiere de nôtredit Edit, comme ils desirent.

Sçavoir faisons, Que desirans singulierement Justice estre administrée à nos sujets par les Juges que leur avons commis, sans qu'aucun excede le pouvoir à luy attribué, & que par entreprise ou autrement l'un n'empesche l'autre au cours de la Jurisdiction qui luy est commise : Et aprés avoir fait voir en nostre Conseil la Requeste & remontrance desdits Marchands, avec plusieurs Sentences, Jugemens & Arests donnez tant en nostre Cour de Parlement à Paris, qu'autres nos Juges, les Reliefs d'appel & Requestes réponduës pour relever plusieurs appellations de Sentences données par lesdits Juges & Consuls pour sommes non excedans la somme de cinq cens livres : & deffenses faites à nos Sergens de faire aucuns Exploits ou adjournemens, & d'executer les Sentences & Mandemens d'iceux Juge & Consuls.

Avons par l'avis & meure deliberation d'iceluy nostredit Conseil, interpretant nostredit Edit, & pour faire cesser à l'avenir les difficultez & empeschemens susdit, dit, declaré, voulu, & ordonné, disons, declarons, voulons, & ordonnons par ces presentes, de nos certaine science, pleine puissance & authorité Royale.

Que le Juge & Consuls des Marchands établis en nostredite Ville de Paris, connoissent & jugent en premiere instance de tous differens entre Marchands habitans de Paris, pour Marchandise venduë ou achetée en gros ou en detail, sans que pour raison de ce, nostre Cour de Parlement à Paris, ou autres nos Juges en puissent prendre aucune Cour, connoissance & Jurisdiction, soit par appel, ou autrement, sinon és cas qui excederont la somme de cinq cens livres tournois suivant ledit Edit ; & laquelle, en tant que befoin eſt ou ſeroit, nous leur avons derechef interdite & tres-expreſſément deffenduë, interdiſons & deffendons par ces preſentes.

· Et quant à la Marchandiſe venduë ou achetée ou promiſe livrer, & payement pour icelle deſtinée à faire en ladite Ville par les Marchands en gros & détail, tant habitans de ladite Ville, qu'autres Juriſdictions, & Reſſorts de noſtre Royaume, par Cedules, Promeſſes ou Obligations, encore qu'elles ſoient paſſées ſous le Scel de noſtre Chaſtelet de Paris, avons iceux Juge & Conſuls deſdits Marchands de noſtredite Ville de Paris, declarez & declarons Juges competans, & à eux, en tant que befoin eſt, de nouvel attribué & attribuons la connoiſſance & Juriſdiction des differens qui naiſtront entre leſdits Marchands pour les cas que deſſus. Pour raiſon dequoy nous voulons tous leſdits Marchands & autres de nos Officiers qui font trafique de Marchandiſe, y eſtre convenus, appellez & jugez, nonobſtant les fins d'incompetence & de renvoy qu'ils pourroient requerir en vertu de nos Lettres de Committimus pardevant les Gens tenans les Requeſtes de noſtre Hoſtel, ou Requeſtes de noſtre Palais à Paris, comme Payeurs de Compagnie, ou autres de nos Officiers faiſans trafique : ou pardevant les Conſervateurs des Privileges des Univerſitez : comme Meſſagers & autres Officiers d'icelles, qui font Marchands, par le moyen des Privileges qu'aucuns d'eux voudroient pretendre leur avoir eſté donnez au contraire par nos prédeceſſeurs, confirmez par nous & verifiez en nos Cours, dont pour ce regard, & en tant qu'ils font Marchands, nous les avons dés à preſent comme pour lors, déboutez & déboutons : Et auſdits Privileges pour ce regard, dérogé & dérogeons de nos pleine puiſſance & authorité Royale par ceſdites preſentes, ne voulans iceux Juge & Conſuls y avoir

aucun égard, ains leur permettons paſſer outre : nô-
nobſtant oppoſitions ou appellations d'incompetence,
qui pourroient eſtre interjettées en fraude, & ſans
préjudice d'icelles, demeurans leſdits Privileges en
autres choſes en leur entier, declarons non recevables
toutes appellations interjettées des Sentences & Jugemens donnez par leſdits Juges & Conſuls entre Marchands pour fait de Marchandiſe, & pour ſommes
non excedans la ſomme de cinq cens livres tournois,
juſqu'à laquelle nous leur avons permis juger.

Et deffendons à nos amez feaux les Maiſtres des
Requeſtes de noſtre Hoſtel, ou Garde des Sceaux de
nos Chancelleries, & à nos Secretaires, expedier au-
cunes Lettres de Relief. Enſemble à nos Cours de Parlement répondre aucune Requeſte pour cet effet, ny
bailler Commiſſions pour faire appeller les Parties.
Comme auſſi deffendons à tous Procureurs occuper,
& ſoy charger deſdites cauſes d'appel, ny de celles des
Marchands qui voudront pour fait de Marchandiſe
decliner la Juriſdiction deſdits Juge & Conſuls.

Et au cas de contravention, avons permis & permettons auſdits Juge & Conſuls des Marchands, pro-
ceder contre les parties condamnées, par mulctes &
amendes pecuniaires, applicables moitié aux pauvres
de l'aumoſne generale de ladite Ville, & l'autre moitié
pour l'entretenement de la Place commune deſdits Marchands, dont a eſté dit en l'Edit precedent ; pourveu
que leſdites amendes n'excedent la ſomme de dix livres
tournois.

Et pour autant qu'au moyen de certaines deffenſes
faites par aucuns de nos Juges, pluſieurs nos Sergens
ont refuſé & refuſent faire les Exploits & adjournemens qui leur ſont preſentez à faire par leſdits Marchands, les uns contre les autres, pour fait de Marchandiſe, aſſiſter aux Sieges deſdits Juge & Conſuls
pour le ſervice de Juſtice, & executer leurs Commiſ-

fions , Sentences & Mandemens ; encore qu'il leur foit par exprés enjoint par noftredit Edit : Nous en levant lefdites deffenfes , comme faites contre noftre vouloir & intention , avons derechef enjoint , & par exprés commandons à nofdits Sergens d'affifter aux Sieges defdits Juge & Confuls quand requis en feront : Et outre, faire tous Exploits & adjournemens qui leur feront , comme dit eft , baillez à faire par lefdits Marchands , pour les caufes que deffus ; & auffi mettre à execution tous Mandemens , Commiffions & Jugemens donnez par lefdits Juge & Confuls , fans aucune remife ou dilation , ne demander Placet, *Vifa* , ne *Pareatis*, à peine de privation de leurs Offices. Et à cette fin défendons à tous nos Juges d'aucunement empefcher lefdits Sergens en faifant & executans ce que deffus , à peine de répondre en leurs noms des dépens , dommages & interefts des parties procedans defdits empefchemens.

Si vous mandons , & à chacun de vous en droit foy, expreffément enjoignons , que noftredit Edit , fi verifié n'a efté , enfemble les prefentes nos Lettres de Declaration , vous faite lire , publier & enregiftrer , fans aucune reftrinction , modification ne difficulté y faire ; afin que lefdits Marchands ne foient contraints recourir à nous pour cet effet. Mandons à nos Procureurs Generaux efdites Cours , & leurs Subftituts efdits Sieges , en requerir la verification ; & iceluy Edit , & tout le contenu és prefentes , faire entretenir , garder & obferver de point en point felon leur forme & teneur : fans troubler, n'empefcher lefdits Juge & Confuls de noftredite Ville de Paris , ni lefdits Sergens en l'execution du contenu en icelles , fur les peines que deffus ; nonobftant quelconques Ordonnances , Edits, Mandemens , Deffenfes , & Lettres à ce contraires.

Et pource que de ces prefentes l'on pourra avoir affaire en plufieurs & divers lieux , & eft befoin que chacun Marchand entende le pouvoir par nous attribué auſdits Juge & Conſuls, Nous voulons qu'aux *Vidimus* d'icelles deuëment collationnez aux originaux par l'un de nos amez & feaux Notaires & Secretaires, ou Notaires Royaux, foy ſoit ajouſtée comme au preſent original; & iceluy puiſſent faire imprimer, ſans pource demander autres Lettres de congé & permiſſion pour ce faire : Car tel eſt noſtre plaiſir.

Donné à Bourdeaux le vingt-huitiéme jour d'Avril, l'an de grace mil cinq cens ſoixante-cinq. Et de noſtre Regne le cinquiéme.

Ainſi ſigné par le Roy en ſon Conſeil,

HURAULT.

Et ſcellé du grand Scel en cire jaune.

Leuës, publiées & enregiſtrées, ouy ſur ce le Procureur General du Roy, conformement à ſes concluſions, ainſi qu'il eſt contenu en l'Arreſt intervenu ſur icelles. A Paris en Parlement, le dix-neuviéme jour de Juillet, l'an mil cinq cens ſoixante-cinq.

Ainſi ſigné   DU TILLET.